Über Tugend und Werte

Studien zur Ethik in Ostmitteleuropa

Herausgegeben von Jan C. Joerden

Band 4

PETER LANG
Frankfurt am Main · Berlin · Bern · Bruxelles · New York · Oxford · Wien

Über Tugend und Werte

Beiträge von Andrzej Szczypiorski,
Bożena Chołuj und Heinrich Olschowsky

Herausgegeben von Jan C. Joerden

PETER LANG
Europäischer Verlag der Wissenschaften

Die Deutsche Bibliothek - CIP-Einheitsaufnahme

Über Tugend und Werte : Beiträge von Andrzej Szczypiorski,
Bożena Chołuj und Heinrich Olschowsky / Jan C. Joerden
(Hrsg.). - Frankfurt am Main ; Berlin ; Bern ; Bruxelles ; New
York ; Oxford ; Wien : Lang, 2002
(Studien zur Ethik in Ostmitteleuropa ; Bd. 4)
ISBN 3-631-39541-8

Frontispiz: Andrzej Szczypiorski im Gespräch
mit einer Diskussionsteilnehmerin nach seinem
Vortrag an der Viadrina am 17.09.1999,
Foto von Frank Winkler.

ISSN 1437-9783
ISBN 3-631-39541-8
© Peter Lang GmbH
Europäischer Verlag der Wissenschaften
Frankfurt am Main 2002
Alle Rechte vorbehalten.

Das Werk einschließlich aller seiner Teile ist urheberrechtlich
geschützt. Jede Verwertung außerhalb der engen Grenzen des
Urheberrechtsgesetzes ist ohne Zustimmung des Verlages
unzulässig und strafbar. Das gilt insbesondere für
Vervielfältigungen, Übersetzungen, Mikroverfilmungen und die
Einspeicherung und Verarbeitung in elektronischen Systemen.

www.peterlang.de

VORWORT

Aus Anlaß des 60. Jahrestages des Überfalls der Deutschen Wehrmacht auf Polen hielt *Andrzej Szczypiorski* am 1. September 1999 vor dem Plenum der Hamburger Bürgerschaft den hier zum Wiederabdruck* kommenden Vortrag. Die Thesen dieses Vortrags hat *Szczypiorski* wenig später, am 17. September 1999, auf Initiative des damaligen Rektors der Europa-Universität Viadrina, Prof. Dr. *Hans N. Weiler*, und von Frau *Kaminska-Hoffmann* vom Brandenburgischen Literaturbüro an der Europa-Universität Viadrina Frankfurt (Oder) unter dem Titel „Das Verhältnis von Tugend und Werten" zur Diskussion gestellt. Aus dieser Diskussion ist der Beitrag von Frau Dr. *Bożena Chołuj* hervorgegangen; Frau *Chołuj* ist Professorin am Collegium Polonicum, einer Gemeinschaftseinrichtung der Europa-Universität und der Adam-Mickiewicz-Universität Poznań in Słubice. In dem Beitrag wird der Essay von *Szczypiorski* kommentiert. Eine Würdigung des literarischen Lebenswerkes des am 16. Mai 2000 verstorbenen *Andrzej Szczypiorski* von Prof. Dr. *Heinrich Olschowsky*, der an der Humboldt-Universität zu Berlin lehrt, schließt sich an.

Daß *Andrzej Szczypiorski* seine Überlegungen zum Verhältnis von Tugenden und Werten, in denen er sich mit möglichen Ursachen des 2. Weltkrieges auseinandersetzt, gerade an der Europa-Universität Viadrina zur Diskussion gestellt hat, macht durchaus Sinn, ist es doch der Gründungsauftrag dieser Universität, dazu beizutragen, das Verhältnis zwischen Polen und Deutschen, das während der Zeit des in deutschem Namen vom Zaun gebrochenen Krieges so sehr gelitten hat, wieder in eine gute Nachbarschaft und Zusammenarbeit zu transformieren. Gemäß ihrem Gründungsauftrag besteht die Studierendenschaft der Europa-Universität Viadrina daher zu einem Drittel aus polnischen Studierenden.

---

* Der Erstabdruck erfolgte wenig früher, und zwar am 2.9.1999 in der Süddeutschen Zeitung unter dem Titel „Der bessere Mensch ist der Ursprung allen Übels. 1. September 1939: Der Anfang vom Ende deutscher Sekundärtugenden." Der Süddeutschen Zeitung ist für die Nachdruckgenehmigung sehr zu danken.

Als *Hans N. Weiler* am 17. September 1999 *Andrzej Szczypiorski* an der Viadrina begrüßte, hob er deshalb mit Recht hervor, hier komme zusammen, was wirklich zusammen gehöre. *Weiler* fuhr fort:

„Dort der Schriftsteller, der wie kaum ein zweiter das komplexe Verhältnis zwischen Polen und Deutschland zur Sprache und in unvergeßliche Bilder gebracht hat, der die leidvolle Erfahrung deutschen Besatzungsterrors in eine Literatur des Verstehens, der Verständigung und der Versöhnung überführt hat, und der aus einem Opfer des Kriegsrechts in Polen zu einem der beredtesten Befürworter eines liberalen, demokratischen und europäischen Polen wurde.

Hier die Universität, die neue Viadrina, die auf ihre bescheidene Weise an dem Werk der deutsch-polnischen Verständigung arbeitet, das für Andrzej Szczypiorski zum Lebenswerk geworden ist – die Universität, die sich gerade auch deshalb ‚Europa-Universität' nennt, weil sie deutlich machen will, daß Europa nicht an der Oder aufhört, und daß das neue Europa nur dadurch entstehen kann, daß es das alte Europa wiederentdeckt.

Mir bleibt unvergessen, wie Andrzej Szczypiorski in seiner Rede zum Tag der Deutschen Einheit in Bremen 1994 dieses ebenso alte wie neue Europa zu beschwören wußte:

‚Ich meine, daß Europa erst jetzt wirklich zu existieren anfängt. Seine Existenz war (bisher) krüppelhaft, sie war eine Unwahrheit und eine Illusion. Denn es gibt kein Europa ohne die Gotik von Krakau und Prag, ohne den Dresdner Zwinger, ohne die Brücken von Budapest und ohne Leipzig, das früher die Hauptstadt des europäischen Buches war. Die Westeuropäer erlagen einer süßen und ziemlich bequemen Täuschung, daß Big Ben, die Straßen von Siena, die Anhöhe von Montmartre, der Dom von Worms genügen, um die Geschichte, die Tradition und Kultur Europas für die Zukunft zu erhalten.'

Auf eben dieses Europa hat sich diese Europa-Universität verpflichtet, und aus dieser Verpflichtung ist eine Universität entstanden, an der junge Polen und Deutsche miteinander leben, studieren und feiern, an der an den wissenschaftlichen Grundlagen einer neuen europäischen Ordnung gearbeitet wird, an der Studierende aus 36 anderen

Ländern an diesem europäischen Experiment teilnehmen, und an der die Zusammenarbeit mit einer polnischen Universität, der Adam Mickiewicz-Universität in Posen, zu einer einmaligen Symbiose in der Form des Collegium Polonicum in Słubice geführt hat.

Menschen wie Andrzej Szczypiorski und Universitäten wie diese, die sich auf geistiges Grenzgängertum einlassen, übernehmen damit eine ganz besondere Pflicht: die Pflicht zur kritischen Auseinandersetzung mit den beiden Ländern, über deren Grenzen sie hin und her wandern. In der Art und Weise, wie Andrzej Szczypiorski sich dieser Pflicht immer wieder, gegenüber Polen wie gegenüber Deutschland, entledigt hat, ist er eines der großen Vorbilder unserer Zeit und jemand, der auch für diese Universität Maßstäbe setzt."

Wenn *Andrzej Szczypiorski* in seinem Essay die Differenzierung zwischen Tugend einerseits und Werten andererseits betont, so knüpft er damit an eine bekannte Debatte an, die gerade auch in Deutschland unter den Stichworten „Sekundärtugenden" und „Primärtugenden" intensiv geführt worden ist. Auch diese Diskussion will hervorheben, daß Sekundärtugenden wie Fleiß, Pünktlichkeit, Sauberkeit etc. nichts wert sind, wenn sie nicht in Primärtugenden – Werten im Sinne von *Szczypiorski* – ihr legitimierendes Fundament und ihre Begrenzung haben. Es bedarf wohl keiner Betonung, daß dieses Verhältnis zwischen (Sekundär-)Tugenden und Werten gerade auch an einer Universität immer wieder neu thematisiert werden sollte.

Der Herausgeber

INHALTSVERZEICHNIS

Andrzej Szczypiorski
Das Verhältnis von Tugend und Werten.. 13

Bożena Chołuj
Verstrickungen in die Geschichte und Gegenwart im literarischen
und essayistischen Schaffen von Andrzej Szczypiorski...................... 23

Heinrich Olschowsky
Der Versöhner – ein Nestbeschmutzer? Der Schriftsteller
Andrzej Szczypiorski in deutscher und polnischer Sicht..................... 33

Andrzej Szczypiorski – zur Person.. 43

Andrzej Szczypiorski – Lebenslauf und Werkverzeichnis................... 45

Autoren- und Herausgeberverzeichnis... 51

Das Verhältnis von Tugend und Werten

Andrzej Szczypiorski

Vor sechzig Jahren war ich ein ausgelassener, alberner Junge und nahm die Nachricht über den Ausbruch des Krieges, wie die meisten meiner Artgenossen, beinahe mit Freude auf. Der Krieg schien mir damals als ein spannendes Abenteuer, eine herrliche Erfahrung in meinem damaligen Leben als elfjähriger Schüler.

Nach drei Wochen jedoch hatte ich den Krieg bereits satt. Tage und Nächte lang hockte ich mit meiner Mutter im Keller, bei Kerzenlicht, das jedesmal, wenn in der Nähe Kanonenkugeln oder Bomben detonierten, vom Luftzug erlosch. Ich ernährte mich vom Reis mit Konfitüre, die damals in wohlhabenden Haushalten für den Winter zubereitet wurde. Als ich Ende September aus dem Keller wieder ans Tageslicht hinaufkam, war ich blaß, krank und hatte für den Rest meines Lebens vom Krieg genug. Aber er hatte ja erst begonnen.

Ich gehöre zu jenen, die eine kurze Kindheit hatten. Schon als kleiner Junge sah ich in Warschau überall Leichen. Sie lagen einsam auf Rasenflächen oder in der Glut niedergebrannter Häuser und ich konnte meinen Blick nicht von ihnen abwenden. Vielleicht ließ mich diese Erfahrung sehr schnell erwachsen werden. Als ich fünf Jahre nach Kriegsausbruch, am 2. September 1944, hinter den Stacheldraht des Lagers Sachsenhausen kam, war ich gerade sechzehn, aber bereits erwachsen.

Wie kam es damals im Jahre 1939 zu alledem? Es ist wohl verständlich, daß ich mein Leben lang eine Antwort auf diese Frage gesucht habe. Denn im Krieg sind gewissermaßen meine Wurzeln. Es kann hierbei jedoch nicht um die Erinnerungen gehen, die sich im Laufe der Jahre sowieso verändert haben. Die einen verblaßten, die anderen gewannen wiederum an Schärfe und erscheinen in neuen Farben, wieder andere sind vollends erloschen. Es geht also nicht um das Erinnern und Gedenken, sondern um die Sensibilität für Menschen und die Welt. Der Krieg hat meine Persönlichkeit geformt und geprägt. Alles, was danach in meinem Leben geschah, hatte wohl nie mehr einen so bedeutenden Einfluß auf meine Art zu denken, zu fühlen und zu reagieren. In diesem Sinne bin ich ein Kind des Krieges, ein Mensch des Krieges. Dies bedeutet aber nicht, daß jeder, der an diesem Krieg teilnahm, der ein ähnliches Schicksal erlitt und ähnliche Erfahrungen gemacht hat, über sich selbst sagen kann, daß er nur durch diese damalige Zeit geprägt worden sei. Ich kenne Altersgenossen und auch ältere Menschen als ich, die während des Krieges viel Grausameres erfahren und viel mehr gelitten haben, und doch sind sie von der Vergangenheit durch eine Art dicke Scheibe, die Jahrzehnte, getrennt. Vielleicht ist das sogar ein Segen, denn diese Menschen sehen nur schemenhafte Umrisse der vergangenen Ereignisse, die Glocken der Vergangenheit dringen nicht mehr zu ihnen vor, und im Grunde dreht sich ihr Leben ganz woanders. Ich stecke dagegen immer noch mit einem Bein in jener Welt. Warum stelle ich mir stets die Frage, wie es dazu kommen konnte?

Ich habe zu diesem Thema Hunderte von Büchern aus verschiedenen Wissensgebieten gelesen. Ich habe mit vielen Menschen gesprochen, die ihr ganzes Leben der Erforschung der Kriegsursachen und der Analyse des Kriegsverlaufs gewidmet haben, um zu ergründen, was diesen Krieg zu diesem Krieg gemacht hat. Und weiterhin weiß ich nicht, wie es dazu kommen konnte. Ich weiß aber ganz gewiß, daß nichts in der Geschichte unvermeidlich ist. Ich glaube nicht an die Dialektik der Geschichte und an unabwendbare Entwicklungen. Das 20. Jahrhundert hat bewiesen, daß alles auf dieser Welt möglich ist, sowohl das Gemeine und Schreckliche als auch das Edle und Schöne.

Schon als junger Mensch, im Alter von dreizehn oder vierzehn Jahren, kam ich zum ersten Mal mit der großen deutschen Literatur in Berührung. Das war ein Zufall, wohl ein segensreicher Zufall, denn ihm ist es zu verdanken, daß ich schon damals die mich umgebende Welt anders zu beurteilen anfing. Dies war selbstverständlich nicht einfach, umso größer das Verdienst dieser Lektüre. Denn zu dieser Zeit liefen die Deutschen wie Verrückte in Warschau herum. Niemand konnte ruhig, ohne Todesgefahr auf die Straßen gehen, denn jederzeit konnte man von Soldaten angegriffen, mit dem Gewehrkolben niedergeschlagen, an die Wand gestellt oder mit dem Lastwagen ins Ungewisse abtransportiert werden. Wer Glück hatte, kam als Zwangsarbeiter ins Reich, wer nicht, kam ins Gefängnis oder hinter den Stacheldrahtzaun eines KZ.

Ich gehörte sowieso zu den Privilegierten. Denn bei mir war alles in Ordnung in der Hose, und die Hose mußte man ununterbrochen herunterziehen. Eines Tages, wahrscheinlich 1943, schon nachdem das Warschauer Ghetto niedergebrannt worden war, mußte ich den Deutschen an einem Tag allein viermal die stolzen Beweise meiner arischen Abstammung vorzeigen. Sie beugten die Köpfe über meinen Hosenschlitz, als wäre dort ein kostbares Kunstwerk oder ein germanisches Stammestotem. Heute würde uns die Szene unheimlich belustigen, aber damals erfüllte sie uns mit Grauen. Damit beschäftigten sich gewöhnliche Menschen, deutsche Soldaten oder Polizisten. Irgendwo zu Hause hatten sie ihre Mütter, ihre Häuser oder Mädchen zurückgelassen und derweil guckten sie hier den Menschen in die Hosenschlitze. Bei mir kam das oft vor, da ich dunkelhaarig war. Ich hatte Angst, eines Tages getötet zu werden. Ich war zwar kein Jude, aber diese Deutschen konnten ja irgendwann einmal diese demütigende Lächerlichkeit nicht mehr aushalten, der sie sich damit aussetzten. Manchmal ist Lächerlichkeit schwieriger auszuhalten als Tragik.

In jener Zeit las ich die „Buddenbrooks" von Thomas Mann. Eine Erzählung über ganz normale Menschen in einer ganz normalen Welt. Von kultivierten, edlen, manchmal im Alltag unverträglichen, aber doch empfindsamen, anständigen, gut erzogenen Menschen, von jenen merkwürdigen Deutschen, von denen mir noch vor dem Krieg meine Mutter gern erzählte, die als junges Mädchen oft nach Berlin fuhr, Schumann und Brahms auf dem Klavier zu spielen pflegte und stets wiederholte, daß die Deutschen das kultivierteste Volk Europas seien. Etwa im Jahre 1940 hörte sie auf, dies zu wiederholen, denn sie wurde vor Verzweiflung, Verwunderung und Angst ganz stumm. Während der Lektüre von Thomas Mann tauchte vor meinen Augen Herr Konsul Buddenbrook auf. Ich konnte ihn mir keineswegs vorstellen, wie er mich anbrüllte, auf mich mit seiner Pistole zielte oder einen kleinen jüdischen Jungen abführte, den ein Gendarm vor meinen Augen auf der Długa-Straße im Sommer 1943 ertappt hatte. Dieser Buddenbrook paßte überhaupt nicht zu jener deutschen Welt. Doch existierte er auf den Seiten des Buches. Damals habe ich viele ähnliche Bücher und Werke der großen deutschen Literatur gelesen. Heute denke ich, daß dies eine Art unbewußte Therapie war, damit ich in jener Umzingelung nicht verrückt werde. Einfache Menschen konnten die Rätsel des Krieges oftmals besser aushalten. Ich gehörte jener Jugend an, die im europäischen Geist erzogen worden war, ich gab mich also noch lange verschiedenen Illusionen hin. Es erwies sich aber, und das ist eben ein Paradoxon der Geschichte, daß meine Illusionen gar nicht so dumm und absurd waren. Es gab auch jene Absurdität während des Krieges, daß gewisse Hoffnungen auf das deutsche Volk gesetzt wurden. Damals gab es in Warschau sogar noch Juden, die ihre früheren Vorstellungen nicht ganz aufgegeben hatten und glaubten, daß es doch irgendwo ein anderes Deutschland gäbe, irgendwo hinter den sieben Bergen bei den sieben Zwergen, in einer unerreichbaren Welt, wo anständige, ehrliche und menschliche Deutsche leben.

Eine Szene aus der damaligen Zeit blieb mir in Erinnerung: Es ist ein heißer Sommertag, ich bin 16 Jahre alt und auf der Brücke über der Weichsel wälzt sich ein SS-Panzerdivisionszug. Mein etwas älterer Freund, der in ein paar Wochen von den Deutschen getötet werden wird, reicht mir ein Buch und sagt mit leidenschaftlichem Ton: „Lies das, unbedingt...". Es war irgendein Buch von Heine. Ich erinnere mich heute nicht mehr an den Titel. Vielleicht war es das berühmte Reisebuch „Über Polen" oder vielleicht etwas ganz anderes. Damals, an diesem Sommertag im Jahr 1944, auf dem Boulevard an der Weichsel, hörte ich zum ersten mal seinen Namen.

Ich las dieses Buch mit einer krankhaften Leidenschaft, denn es schien mir als eine Stimme des Protestes gegen all jenes, was damals die einzige, mir bekannte deutsche Wirklichkeit war. Ich hatte natürlich keine Ahnung, daß ich einen mit einem Bann belegten Text las, der in Berlin und auf den Straßen anderer deutscher Städte schon längst öffentlich verbrannt worden war und die Asche durch den wütenden Wind des Tausendjährigen Reichs verweht wurde. Selbst wenn ich damals gewußt hätte, daß Goebbels die Bücher von Heine verbrennen ließ und die Polizei die übrig gebliebenen Exemplare mit der gleichen Hartnäckigkeit wie Juden und Partisanen verfolgte, hätte ich diese Praktiken vom nationalsozialistischen Gesichtspunkt aus wohl für gerechtfertigt und rational gehalten.

Es geht mir hier um das Rätsel der deutschen Kultur und der deutschen Taten. Im Lichte dieser Erfahrung spielt Heine für mich eine entscheidende Rolle. Er offenbarte mir das Geheimnis des irrationalen, verrückten und immer wieder verlogenen Deutschtums, das sich immer wieder durch scheinbar rationale Begründungen nährt.

Ich will dieses Problem etwas näher erörtern.

1844 in der Pariser Verbannung schrieb Heine sein Werk „Deutschland. Ein Wintermärchen". Es mußten jedoch ganze hundert, an Erfahrung reiche Jahre vergehen, bis der Augenblick kam, an dem die deutschen nationalsozialistischen und autoritären, dann totalitären Bestrebungen, die bis zum Völkermord führten, unter den Trümmern der Berliner Reichskanzlei begraben wurden. Während dieser hundert Jahre, und sogar darüber hinaus, galt Heine in den Augen vieler Deutscher als Verräter am Deutschtum, als Dichter, der den deutschen Geist verspottet und die Gemüter mit dem Gift seines Judentums vergällt hatte. Und eben dieses Judentum war immer wieder Grund zu Auseinandersetzungen, Abneigung und Mißtrauen, und schlug im 20. Jahrhundert zu offenem Hass um, den Heine in dummen, beschränkten Köpfen deutscher Nationalisten entflammt hatte. Alles an ihm schien böse, kränkend, tendenziös, gegen das deutsche Nationalinteresse zu sein, denn es entsprang einer jüdischen Feder und war ein Werk des jüdischen Geistes. In dieser Hinsicht waren die Deutschen übrigens weder besonders erfinderisch noch originell, denn der Quatsch über die jüdische geistige Fremdheit grassierte früher im Denken vieler dummer Europäer, auch in Frankreich oder Polen.

Das Beispiel von Heines Schicksal in seinem eigenen Vaterland zeigt aber, wie hartnäckig eine gewisse Sozialisation, Erziehung und Verhaltensweisen eine Generation prägen können und in den Köpfen der Menschen länger überdauern als politische Niederlagen, sogar die schrecklichen Niederlagen wie die von 1918 und 1945. Das Phänomen Heines beweist indirekt, daß die Deutschen noch viele Jahre nach dem letzten Krieg gewisse Wahnvorstellungen von der eigenen Vergangenheit nicht ganz losgeworden sind, und daß die Demokratie, wenn sie nach 1945 eine erfolgreiche Unterstützung von außen nicht erhalten hätte, sich nicht als stark genug hätte erweisen können, um diesen Wahnvorstellungen ein Ende zu setzen.

Ich bin weder Philosoph noch Historiker. Ich bin ein Schriftsteller und ich lese viel. Ich bilde mir meine Meinung anhand meiner Lektüre und der Beobachtungen aus dem Alltag. Das ist alles. Die deutsche Identität war meiner Meinung nach einstmals eine zutiefst „faustische", beherrscht von der Sehnsucht nach Größe und Macht und dem Bedürfnis nach Perfektion. Die banale Existenz war diesen Erwartungen nicht gewachsen, so wurde sie gepeinigt in einem verzweifelten, manchmal gar hysterischen Kampf zwischen gewöhnlicher Alltäglichkeit und dem Streben nach Erhabenheit.

Der deutschen Erziehung fehlt es an Skepsis, Distanz, Spott und Hohn. Es gab zu viel Perfektionismus, zu viel wurde von der Vollkommenheit geträumt und entschieden zu wenig Selbstbeschränkung, zu wenig Aufruhr gegen maßlosen, wuchernden Eifer geübt. Als ich mir vor mehr als einem halben Jahrhundert die Deutschen besah, wurde mir klar, daß sie sich für besser hielten als die anderen. Sie besaßen hervorragende Tugenden wie Pünktlichkeit, Fleiß, Sauberkeit, Verantwortlichkeit, Gründlichkeit, Redlichkeit, Ausdauer und vielleicht noch vieles mehr. Sie meinten, dies würde genügen. Wenn der Mensch so viele Tugenden besitzt, wäre alles in Ordnung. Aber das ist eben nicht so, denn nicht die Tugenden sind wichtig, sondern die Werte, denen sie dienen.

Wenn ich also heute die Deutschen schätze, dann deshalb, weil sie an gewisse, allgemein gültige Werte glauben und ihre ehemaligen Tugenden, die vielleicht nicht mehr so gnadenlos daherkommen, nunmehr der Freiheit, Demokratie und der Menschenwürde verpflichtet sind. Das stellte sich aber erst nach vielen Jahren ein und nicht ohne Hilfe von außen. Eine Tatsache, die mich etwas beunruhigt.

Damals also, vor mehr als einem halben Jahrhundert, glaubte eine große Mehrheit der Deutschen, daß sie anderen überlegen sei. Diese fatale Überzeugung, so behaupte ich, ist der Ursprung allen Übels. Glaubt der Mensch, daß er besser sei als andere, so ist er zu den gräulichsten Taten zu bewegen. Ich habe mich noch nie näher mit den politischen und ökonomischen Bedingungen beschäftigt, die zu Aufstieg und Niedergang des Dritten Reiches geführt haben. Gewiß sind hierin wichtige Faktoren zu finden, die wichtigsten jedoch eher nicht. Alles entscheidend ist auf dieser Welt die Frage der Wahl. Der Mensch entscheidet sich zwischen dem, was er für gut und vernünftig befindet, und jenem, was er für schlecht und dumm erachtet. Jeder Mensch entscheidet nach seinem eigenen Ermessen, auf Grund eigener Erfahrungen und Vorstellungen von sich selbst.

Die Menschen zur Zeit Hitlers entschieden sich für das, was er ihnen anbot. Daran gibt es nichts zu deuteln. Denn sie haben gewählt. Deutschland war eine große Nation, mit großem Erfahrungsschatz und großartiger Kultur. Entschieden haben sich die Deutschen aber wie Barbaren, wie Verbrecher. Warum? War dies ein Ergebnis von schrecklichem Zwang? War die Situation ausweglos? Natürlich weiß ich, daß es einfacher ist, heutzutage eine Reise auf die Kanarischen Inseln zu buchen, als sich damals gegen Hitler oder die tyrannische Unterwerfung aufzulehnen. Letztlich hatten aber Millionen von Deutschen die Wahl. Sie hatten jedoch nicht die geringste Lust, ein Risiko auf sich zu nehmen.

Die einzigen, die damals keine Wahl hatten, waren die Juden. Egal, was sie auch unternahmen, sie mußten sterben. Warum? Eben weil die Deutschen so entschieden hatten. Und warum hatten die Deutschen so entschieden? Weil sie überzeugt waren, daß sie besser seien als andere. Hitler hat ihnen die Sache lediglich zusätzlich erläutert, indem er ihnen zwischen den Zeilen zu verstehen gab, daß sie zweimal besser seien als die Briten, zehnmal besser als die Franzosen, hundertmal besser als die Polen und tausendmal besser als die Juden. Dementsprechend verhielt sich die überwältigende Mehrheit der Deutschen. Mit den Engländern führte man weltmännisch den Krieg um die Welt, die Franzosen trieb und schubste man. Die Polen wurden mit Gewehrkolben verprügelt, die Gebildeten unter ihnen und jeder, der es wagte, sich ihnen entgegen zu stellen, wurden beseitigt. Die Übrigen wurden behandelt wie Arbeitsvieh. Die Juden hingegen wurden ausnahmslos ermordet. Man kann nicht behaupten, daß Widerstand unmöglich war, denn es gab sie durchaus, jene Deutschen, die in aller Deutlichkeit sagten, daß sie nicht die Absicht hätten, an den Verbrechen teilzunehmen.

Als ich mich selbst in Sachsenhausen wiederfand, traf ich auf deutsche Häftlinge, die bereits seit 1934 hinter Stacheldraht saßen. Sie waren Kommunisten, Sozialdemokraten oder Gewerkschafter. Vielleicht hätte es dort mehr von ihnen geben sollen, aber auch so haben sie die Ehre der Deutschen gerettet. Ähnlich wie jene Offiziere, die am 20. Juli 1944 das fehlgeschlagene Attentat auf Hitler verübt hatten und in der Folge, samt dem Verschwörerkreis, hingerichtet wurden. Diese Fakten sind der beste Beweis dafür, daß man sich widersetzen konnte. War man aber davon überzeugt, daß man besser sei als andere und dieses Bessersein – quasi von Natur aus – zu mehr Rechten, Privilegien und Lebensraum berechtigte, so konnte man sich natürlich nicht widersetzen, denn man wollte schlichtweg nicht. Man hätte sich sich selbst widersetzen müssen.

Ich habe im Krieg viel Grausames gesehen. Ich glaube nicht, daß diese Grausamkeiten nur Sünden der Deutschen waren, denn so manch andere haben sich auch zu Übeltaten hinreißen lassen. Im Krieg geschieht Böses, die einen foltern und morden die anderen. Diesen Krieg haben selbstverständlich die Deutschen heraufbeschworen und nichts wird sie aus der Verantwortung entlassen, dennoch waren nicht nur sie grausam, nicht nur sie haben es zu schrecklichen, unverständlichen Taten kommen lassen. Die Alliierten haben Dresden zerstört, Tausende Menschen kamen dabei ums Leben. Selbstverständlich war dies ein Verbrechen.

Das was ich hier erzählen will, handelt jedoch nicht von jenen Grausamkeiten, und dennoch sind es die am schwersten wiegenden Erfahrungen, die ich im Kriege gemacht habe. Es bringt jene Problematik, die mich die ganze Zeit beschäftigt, am besten zum Ausdruck. Es handelt sich um zwei Episoden aus dieser Zeit. Die erste ereignete sich ungefähr im November 1939. Ich ging durch den Sächsischen Garten, einen wunderschönen Park im Herzen Warschaus. Es war ein Tag im Spätherbst, doch der Himmel war noch recht hell. Vor der Fontäne standen zwei Juden im Kaftan, umringt von grölenden und lärmenden deutschen Soldaten. Diese zerrten den Juden an den Schläfenlocken, einer von ihnen versuchte, den Juden mit seinem Bajonett die Haare hinter den Ohren abzuschneiden. Ich war damals elf Jahre alt und es waren mir fremde Soldaten. Mir schien die Sache also interessant und ich versuchte, näher heranzutreten. Eine fremde Frau packte mich am Ärmel und sagte leise, aber bestimmend: „Geh nicht dahin, Junge, ein anständiger Mensch sollte da nicht hinschauen." Damals hatte ich begriffen. Ich war Zeuge einer der widerwärtigsten Mißhandlungen der Menschenwürde in meinem Leben geworden. Diese Soldaten haben die Juden in ihren Kaftanen damals nicht ermordet, womöglich die Schläfenlocken gar nicht abgeschnitten. Nach einer kurzen Zeit rannten die Juden mit ihren Hüten in der Hand, sich vor den Deutschen – wie ihnen befohlen worden war – verbeugend davon. Nie wieder habe ich so einen tiefen Haß gegenüber den Deutschen empfunden, wie damals im Sächsischen Garten.

Die zweite Episode war ziemlich befremdend, aber sehr lehrreich. Sie ereignete sich außerhalb Warschaus, als ich auf einem Pferdefuhrwerk fuhr. Ein mir bekannter Bauer lenkte das Gefährt. Es war im Sommer 1943. Wir fuhren entlang eines Bahndammes. Oben auf dem Damm ging ein deutscher Offizier, vor ihm her liefen zwei Hunde. Plötzlich deutete uns der Offizier anzuhalten. Er kam runter vom Damm und befahl uns umzudrehen. Der Bauer bemühte sich zu erklären, daß er den Befehl habe, zum Bahnhof zu fahren. Der Offizier blieb jedoch unerbittlich. Augenblicklich griff er zum Halfter. Der Bauer schrie kurz auf und seine Pferde machten sofort kehrt. Wir fuhren davon und der Offizier stieg wieder auf den Damm und ging weiter, die Hunde folgten ihm. Als wir ihn nach einer gewissen Zeit nicht mehr sahen, wendete der Kutscher und wir fuhren wieder ruhig zum Bahnhof weiter. Der Bauer erzählte, daß dieser Deutsche immer so mit den Leuten umgehe. Den einen befehle er umzudrehen, anderen, den Zugschienen entlang zu rennen. Wieder anderen hielt er für gewisse Zeit die Pistole an die Schläfe und ließ sie wieder rennen, ohne einen Ton zu sagen. Damals rief ich aufgebracht: „Das ist ja ein Verrückter!", worauf mir der Bauer ruhig entgegnete: „Kein Verrückter, ein Deutscher!" Der Bauer hatte Recht. Ein Deutscher, der unentwegt besser sein wollte und sein mußte als andere. Vielleicht mag er während des Krieges nicht einmal einen einzigen armen Juden oder wehrlosen Polen erschlagen haben, trotzdem wurde er für mich die Personifizierung und das Symbol für den damaligen Verfall des deutschen Volkes. Ich erinnere mich, daß dieser Offizier glänzende Stiefel trug und ein perfekt gebügeltes Hemd. Bestimmt war er auch in der Schule Klassenprimus gewesen. Überhaupt war er ein musterhaftes Beispiel für alle wunderbaren deutschen Tugenden, die mich heute noch bis in meine Träume verfolgen.

Das, was sich vor 60 Jahren ereignet hat, der deutsche Überfall auf Polen, der Ausbruch des Weltkrieges und alles, was in seiner Folge geschah, bis hin zur Kapitulation des Dritten Reiches, steht meiner Meinung nach in unmittelbarem Zusammenhang mit dem geistigen Zerfall jener Deutschen, die sich anderen gegenüber überlegen wähnten. Auch wenn ich mich heute, nach so vielen Jahrzehnten, in Deutschland wohl fühle und voller freundschaftlicher Gefühle für dieses Volk, seine Kultur und Errungenschaften bin, begleitet mich doch immer ein wenig die Angst, daß ich eines Tages hinter der nächsten Straßenecke einen Deutschen treffe, der sich für besser hält als alle anderen. Deutschland prosperiert, viele Menschen in der Welt sind neidisch auf den Erfolg, den Reichtum und die hervorragenden Perspektiven der Deutschen. Dieser Erfolg fiel nicht vom Himmel. Er ist das Ergebnis der harten und guten Arbeit der Nachkriegsgenerationen.

Die Anerkennung der deutschen Errungenschaften ist wichtig. Fehlt jedoch eine gewisse kritische Distanz hierzu oder wächst erneut hier und da die letztlich völlig falsche Überzeugung, daß Deutsche besser seien als andere, so müssen sofort die Alarmglocken erklingen. Zum Glück lesen die Deutschen ihre große Literatur und also auch Heine. Zum Glück können sich die Deutschen an die Vergangenheit erinnern. Im Grunde genommen ist in Deutschland gar nicht alles so wunderbar. Das beste Zeichen dafür, daß die Demokratie Früchte trägt. Im Verlauf der vergangenen zehn Jahre hat die deutsche Gesellschaft während des Einigungsprozesses viele Fehler begangen. Hätte ich dies nicht mit eigenen Augen beobachtet, so hätte ich niemals geglaubt, daß Deutsche so gut pfuschen können. Bei Unordnung sprach man einst in Deutschland von „polnischer Wirtschaft". Heute sprechen die Polen mit Geringschätzung über die „deutsche Wirtschaft", wenn sie die wirtschaftliche Dynamik der vergangenen zehn Jahre in den neuen Bundesländern mit dem vergleichen, was sie selbst erreicht haben.

Deutschland ist ein sehr wohlhabendes Land und ich glaube, ganz Europa wünscht ihm alles Gute. An so einem Tag wie dem 60. Jahrestag dieses schrecklichen Ereignisses, ist es wichtig, über die deutschen Schwächen und Sünden nachzudenken. Es lohnt sich, in Erinnerung zu rufen, daß die Deutschen niemals besser noch schlechter als andere waren, sind und niemals sein werden. Diese Einsicht ist der wichtigste Garant für Freiheit und Menschenwürde.

Verstrickungen in die Geschichte und Gegenwart im literarischen und essayistischen Schaffen von Andrzej Szczypiorski

Bożena Chołuj

Als wir 1993 in einem Seminar in Göttingen Szczypiorskis Roman „Die schöne Frau Seidenman" analysierten, waren die Studenten höchst erstaunt, daß es in diesem Buch differenzierte, ja sogar positive Bilder von den Deutschen im Zweiten Weltkrieg gibt. Schließlich gehörte Andrzej Szczypiorski zu der Generation, die – wie er selber immer wieder betont – vom Krieg „geformt und geprägt ist". Hinter dieser Verwunderung stand die Überzeugung der jungen Menschen, daß negative Kriegserfahrungen ein unüberwindbares Trauma hinterlassen müssen. Die Tatsache, daß die existentielle Erfahrung für vorrangig gehalten wird, bedeutet, daß die jüngere deutsche Generation sich nicht mehr unter dem Druck eines Symbolisierungssystems befindet, das will heißen, daß sie nicht mehr alles nach einer vorgeschriebenen Matrix sieht. Da ich dagegen zu einer Generation gehöre, die den Krieg zwar nicht mehr erlebt hat, jedoch mit deutschfeindlichen Filmen, Sendungen und Schulprogrammen „abgefüttert" wurde, konnte ich mehrmals erfahren, daß die symbolische Prägung mehr als die existentielle der Erfahrung zu einer stigmatisierten Weltsicht beitragen kann. Szczypiorski schreibt über diese Zeit: „Die politische Manipulation im kommunistischen Polen war evident. Man versuchte, die Bevölkerung in Abneigung, Mißtrauen und offener Feindlichkeit Deutschland gegenüber zu erziehen, was natürlich auf fruchtbaren Boden fiel wegen der Erfahrung mit der Naziokkupation".[1] Und weiter stellt er fest, daß „das antideutsche Schreckgespenst" die wirksamste Waffe war. Man konnte sich mit der schwarz-weißen Weltsicht in der Zeit des eisernen Vorhangs, der geschlossenen Grenzen, kaum auseinandersetzen. Es

---

1 *Andrzej Szczypiorski*: Illusionen und Wirklichkeit. Bemerkungen über die polnisch-deutsche Nachbarschaft. In: *A. Szczypiorski*: Europa ist unterwegs. Übersetzt von *Klaus Staemmler*, Zürich 1996, S. 102-112, hier S. 103.

kam nicht zu direkten Kontakten mit den Vertretern einzelner Nationen, die die vorgefertigten Bilder hätten zerstören können. Jede Dynamik war ausgeschlossen. Alles blieb homogen und eindeutig. Szczypiorski hatte dagegen die Deutschen in unmittelbarer Berührung erlebt, vorwiegend negativ, aber auch positiv. Es erinnert an die Erfahrungen Horst Bieneks mit den Russen, die dieser in einem sowjetischen Arbeitslager in Workuta als Zwangsarbeiter am Anfang der fünfziger Jahre kennengelernt hatte. Unter den Russen gab es nicht nur Wächter, sondern auch Häftlinge und Oppositionelle, die ihm die russische Kultur näher brachten. Ohne diese Erfahrungen wären Lesungen, die er mit russischen Dichtern in München organisiert hatte, nicht denkbar gewesen. Szczypiorski veranstaltete zwar keine Dichterlesungen, aber seit seinen ersten literarischen Versuchen bemühte er sich um ein differenziertes Bild der Deutschen. Sowohl in den Romanen „Czas przeszły" (Die vergangene Zeit) und „Godzina zero" (Stunde Null) von 1961 als auch in den Romanen „Ucieczka Abla" (Abels Flucht) von 1962 und „Za murami Sodomy" (Hinter der Mauer von Sodom) von 1963 finden wir Deutsche, die im Krieg Verbrecher waren oder an verbrecherischen Aktionen teilgenommen hatten und nach dem Krieg ordentliche Bürger geworden sind.

Die individuelle Verstrickung der Deutschen in das Zeitgeschehen und die Politik sind Themen, zu denen Szczypiorski immer wieder zurückkehrt. Dabei formuliert er keine eindeutigen Urteile, wofür er in der Zeit des Kommunismus kritisiert wurde. Diese Art der Schicksalsdarstellungen hat er trotz dieser Kritik nicht verändert, sondern nach 1968 um die polnische Problematik erweitert, die am Anfang nur sporadisch vorkam. „Die schöne Frau Seidenman" von 1986 ist der erste Roman, in dem er das Problem der Schuld und Verantwortung der Deutschen und der Polen in einem gemeinsamen geschichtlichen Kontext konsequent darstellte. Hier haben wir es mit unterschiedlichen Schicksalen zu tun, die sowohl in den Faschismus als auch in den Kommunismus verstrickt waren. Bei der Lektüre des Romans kann man sich des Eindrucks nicht erwehren, daß Szczypiorski unterschiedliche Lebensszenarien entwirft, um die Teilnahme und das Engagement der Menschen als Individuen in dem jeweiligen Regime besser verstehen zu können. Dabei vermeidet er problematische und drastische Fälle. Das Warschauer Ghetto schildert er beispielsweise nicht, sondern erwähnt nur, daß Joasia von dort herausgeholt und gerettet wird und Fichtelbaum dorthin zurückkehrt. Ewa Jażdżewska-Goldsternowa bemängelt daher: „Man kann nicht begreifen, was die Lebensentscheidungen der einzelnen Figuren, die im Roman dargestellt sind, bedeuteten, wenn man nicht erzählt, was Ghetto von innen aus gewesen ist".[2] Helena Zaworska verweist in einem Interwiew mit Szczypiorski darauf, daß Frau Seidenman sehr schön, „wenig jüdisch", ja ein „weiblicher Engel" ist und ihre Geschichte für die Darstellung der polnisch-jüdischen Probleme nicht besonders aussagekräftig zu sein scheint.[3] Daher könne der Roman eher der Konsolationstherapie dienen, dagegen weniger der Auseinandersetzung mit dem polnischen Antisemitismus und anderen Fragen der polnischen Geschichte. Szczypiorski stimmt dem zu und betont, daß es sicherlich schmerzhafte Momente in der polnischen Geschichte gegeben hat, man könne jedoch „in einen Roman nicht die ganze Enzyklopädie" der polnisch-jüdischen Beziehungen hineinschreiben. Der Konsolationscharakter des Romans bewirkt, daß die Schicksale der einzelnen Figuren so suggestiv dargestellt werden, daß man sie nicht nur zu verstehen, sondern sogar zu rechtfertigen beginnt, obwohl vieles, was sie tun, verurteilt werden müßte.

In all den genannten Romanen ist Szczypiorskis persönliche Erfahrung der Widersprüche im menschlichen Verhalten im Zweiten Weltkrieg so sehr präsent, daß man meint, er variiere die Gestalt des Deutschen Osske, der ihm in Sachsenhausen zweimal das Leben rettete, obwohl er „Hitler in den Knochen hatte".[4] Erfahrungen dieser Art lassen uns fragen: Wie waren solche Herrschaftsregime, Krieg und Massenmord möglich? Sobald man jedoch Stereotype verinnerlicht, stellt man keine Fragen mehr, denn man weiß sowieso schon die Antwort: Wer sonst als die *bösen* Deutschen hätten den Krieg hervorrufen, den Massenmord organisieren und ausführen können. Erst ein Universitätsstudium, unzählige Lektüren, Bekanntschaften und Freundschaften mit den Deutschen lassen Zweifel aufkommen. Doch nicht alle studieren und nicht alle beschäfti-

---

2 *Ewa Jażdżewska-Goldsternowa*: 'Początek' Andrzeja Szczypiorskiego. Warszawa 1995, S. 48.
3 *Helena Zaworska*: Psychoterapia dla wszystkich. Rozmowa z Andrzejem Szczypiorskim. In: *E. Jażdżewska-Goldsternowa*: 'Początek' Andrzeja Szczypiorskiego, ebd., S. 109.
4 *Andrzej Szczypiorski*: Twarz diabła. In: Literatura na Świecie. Nr 3 (23), März 1973, S. 3-21, hier S. 6.

gen sich kritisch mit den bisher verinnerlichten nationalen Bildern. Wenn wir heute Fragen stellen, beziehen wir uns immer häufiger auf die jüngste Vergangenheit und versuchen zu begreifen, wie der Kommunismus möglich war. Man kennt ja genug Parteimitglieder und Funktionäre, die ähnlich wie jene Deutschen, über die Szczypiorski schreibt, auch nicht immer von ihrer Ideologie überzeugt waren, politisch oft inkonsequent handelten und manchmal gegen das Regime lebten. Ich bin mir nicht sicher, ob sich auf diese Frage wie auf jene von Szczypiorski jemals eine befriedigende Antwort finden läßt. Diese Zweifel verfestigt die Lektüre seiner Texte, in denen er sich 1999 bei der Suche nach solch einer Antwort genau an dem Punkt befand, an dem er bereits 1973 war, als er ein Vorwort für die Zeitschrift „Literatura na Świecie" zu einem Heft über den Faschismus und deutsche Schriftsteller verfaßt hatte. Auch dort betonte er, daß es unterschiedliche Menschen gibt und daß keine Nation nur aus Tätern besteht. Dieses Vorwort nannte er „Twarz diabła" (Des Teufels Gesicht). Er stellt fest: „Es gibt keine sündhafte oder tugendhafte, niederträchtige oder edle, bzw. verbrecherische oder heroische Nationen. Es gibt nur bestimmte Situationen, in denen bestimmte Neigungen der menschlichen Natur zu Worte kommen".[5] Diese Erkenntnis hilft uns bei der Suche nach dem Ursprung des Nationalsozialismus oder des Kommunismus nicht weiter. Sie eröffnet jedoch zwei wichtige Perspektiven für die Gegenwart und Zukunft. Die eine Perspektive ist, daß Szczypiorski diese Sätze 1973, nach der letzten großen Judenverfolgung in Polen im Jahre 1968, geschrieben hatte, was für den Eingeweihten hieß, daß auch wir Polen nicht rein und unschuldig sind. So direkt hatte es Szczypiorski bis dahin nicht gesagt, wenngleich der Roman „Msza za miasto Arras" von 1971 verschlüsselt Ähnliches kundgibt. Hier beschreibt er die Verfolgung von Juden, Hexen und Andersgesinnten im Jahre 1461 in Frankreich. Mit seinem Artikel von 1973 begann er den polnischen Diskurs über Polen, der bisher vor allem am Opfermotiv orientiert war, direkter zu verändern und damit gleichzeitig einen Freiraum zu eröffnen, in dem die Polen die politische Unschuld nicht mehr bewahren und nicht mehr als ethisch unbelastete Richter den deutschen Nachbarn gegenüber auftreten können. Die andere Perspektive ergibt sich aus den differenzierten Darstellungen der Deutschen. Indem uns auch deren Menschlich-

---

5 Ebd. (in meiner Übersetzung).

keit vorgeführt wurde, war der Abbau der im Kommunismus obligatorischen Horrorvorstellungen möglich geworden. Beide Perspektiven zusammen bilden eine gute Basis für die Verständigung der miteinander verfeindeten Völker, sie sind für die jüngeren Generationen richtungweisend. Die Vergangenheit bleibt davon jedoch unberührt. Weiterhin ist sie die unverständliche Zeit der unerklärlichen Greuel.

Warum ist eine Antwort auf die Frage nach dem Ursprung der verbrecherischen Regime so schwer zu finden? Ist die Fragestellung falsch, oder werden die Teilantworten nicht richtig konstruiert? Vielleicht müßte mehr als bisher hinterfragt werden? Diesen Versuch unternimmt Szczypiorski in seinem Text zum 60. Jahrestag des Überfalls der deutschen Wehrmacht auf Polen. Anstelle der Kategorie der Schönheit, mit der er 1973 in „Teufels Gesicht" die Entscheidung der nazitreuen Deutschen zu begreifen suchte, setzt er die Kategorie des „Besser-Seins". Der Titel seiner Ausführungen heißt dementsprechend „Der bessere Mensch ist der Ursprung allen Übels. 1. September 1939: der Anfang vom Ende deutscher Sekundärtugenden".[6] Seine Hauptthese lautet: „nicht die Tugenden sind wichtig, sondern die Werte, denen sie dienen".[7] Über die Werte im Dritten Reich äußert er sich nicht. Er wendet sich direkt der Gegenwart zu. An ihr schätzt er vor allem jene Werte in der neuen Bundesrepublik Deutschland, die „der Freiheit, Demokratie und der Menschenwürde verpflichtet sind".[8] Er problematisiert den Begriff der Werte nicht, verweist auch nicht auf deren Situationsbedingtheit. Immerhin gab es im Dritten Reich auch Werte, die heute noch als positiv gelten und trotzdem den Grund für politisch falsche Entscheidungen in der Zeit des Nationalsozialismus bildeten. Zu ihnen gehören u.a. der Kult um die Familie, das künftige Glück der Kinder, die Bekämpfung der Arbeitslosigkeit oder sogar gute Verkehrsverbindungen (Bau von Autobahnen). Darauf geht Szczypiorski zwar umfassend in seinen Romanen ein, dagegen nicht in seinen Essays und Artikeln. Das ist bemerkenswert, denn es führt uns auf

---

6 *Andrzej Szczypiorski*: Der bessere Mensch ist der Ursprung allen Übels. 1. September 1939: Der Anfang vom Ende deutscher Sekundärtugenden. In: Süddeutsche Zeitung vom 2.09.1999. Wiederabdruck in diesem Band S. 11 ff.
7 Ebd.
8 Ebd.

ein charakteristisches Merkmal seines Schaffens. Während er in den Romanen und Erzählungen sehr verschiedene Schicksale darstellt, die unabhängig von ihrer nationalen Herkunft unterschiedlich sind, benutzt er in seinen Essays nationale Kriterien. An Stelle von individuellen Schicksalen spricht er immer wieder von Deutschen, Polen, Juden und Russen, die er sogar mit nationalen Charakterzügen ausstattet. Den Deutschen werden die üblichen Stereotype wie Pünktlichkeit, Fleiß, Sauberkeit, Verantwortlichkeit zugeschrieben. In „Mein Irrtum: Weshalb die Opposition der DDR nicht mit der polnischen gleichgesetzt werden darf" lesen wir: „Die Deutschen sind von ihrem Charakter her Perfektionisten, die Polen das Gegenteil. [...] Das Gefühl der Pflicht läßt in der deutschen Seele nicht allzuviel Platz für allgemeine moralische Gedanken. [...] Für die Polen beruht ihre persönliche Würde auf etwas anderem, es ist eher eine ständige Manifestation der eigenen Besonderheit und des Mißtrauens gegen alles, was von draußen kommt".[9] Hier geht die Differenz, die Szczypiorski in seinen literarischen Werken unterstreicht, verloren, als hätten wir es nur mit Nationen und nicht mit ganz unterschiedlichen Menschen zu tun. In dem erwähnten Vorwort von 1973 finden wir einen wichtigen Satz: „Der Mensch, versunken in den Mechanismen der Nation, Rasse und des Staates – bedient sich der Kriterien der Nation, Rasse und des Staates und nicht der Menschheit".[10] Bei der Lektüre der Essays von Szczypiorski gewinnt man den Eindruck, daß auch er zu diesen Menschen gehört. Als Teilnehmer des Warschauer Aufstandes, als ehemaliger Häftling von Sachsenhausen und nach der Wende als Senator im polnischen Parlament war er in die Mechanismen von Nation und Staat weitgehend verstrickt. Zuerst kämpfte er um ein freies und unabhängiges und dann um ein besseres Polen. In „Notizen zum Stand der Dinge" bekennt er, verzweifelt auf der Suche nach einem anderen Polen zu sein: „Und das soll Polen sein? Soll all das zusammen Polen sein, das mir seit geraumer Zeit den größten Wert fürs ganze Leben bedeutete? [...] Ich müßte mich Polen anders nähern; aus Polen und aus dem Polentum ein Teilchen mei-

---

9 *Andrzej Szczypiorski*: Mein Irrtum: Weshalb die Opposition der DDR nicht mit der polnischen gleichgesetzt werden darf. In: *Andrzej Szczypiorski*: Europa unterwegs. Essays und Reden. Übers. von *Klaus Staemmler*, Zürich 1996, S. 112-129, hier S. 119.
10 *Andrzej Szczypiorski*: Twarz diabła. In: Literatura na Swiecie, a.a.O., S. 17f.

ner metaphysischen Sehnsüchte machen, und all das, was rundherum passiert, verleugnen. Es würde bedeuten, daß ich die Reihenfolge des inneren Erlebnisses und der inneren Reifung umstellen müßte. [...]".[11] Es sind Sätze, die seine Enttäuschung in der Zeit des Kriegsrechtes in Polen ausdrücken. Die erste Enttäuschung in bezug auf Polen erlebte er 1968. Die Verfolgung der Juden und der Einmarsch der polnischen Streitkräfte in der Tschechoslowakei im Rahmen des Warschauer Paktes konnte er nicht rechtfertigen. Er distanzierte sich von den Massenmedien und widmete sich immer mehr der Literatur. Diese Ereignisse trugen auch dazu bei, daß er sich um die Veröffentlichung der „Gespräche mit dem Henker" von Kazimierz Moczarski in der literarischen Zeitschrift „Odra" 1972 bemühte. Er schrieb sogar ein Vorwort dazu, in das die Zensur eingriff und eine Stelle über die politische und gerichtliche Rehabilitation des letzten Chefs der Hauptkommandantur der AK (der polnischen Landesarmee) von 1956 strich. Szczypiorski wurde immer radikaler. Er schrieb nicht nur eine andere Version des Vorwortes zu diesem Buch, sondern knüpfte auch Kontakte mit der ersten polnischen Untergrundzeitschrift „Zapiski", in der Texte publiziert wurden, die von der Zensur gestrichen wurden. Am 13. Dezember 1981 wurde er als Teilnehmer des Kongresses der Polnischen Kultur interniert. Nicht ohne Bedeutung für diese Radikalisierung seiner politischen Haltung dürfte die Tatsache sein, daß sein Vater Adam Szczypiorski, Mitglied der PPS (der Polnischen Sozialistischen Partei) vor 1939 und einer der Gründungsmitglieder des KOR (Komitee der Verteidigung der Arbeiter) 1976 war.[12] 1978 wird Moczarskis Buch in der Bundesrepublik veröffentlicht und hier erscheint Szczypiorskis Vorwort, das vollkommen anders ausfällt als jenes in der

---

11 *Andrzej Szczypiorski*: Z notatnika stanu rzeczy. Poznań 1983, S. 83.

12 Er war Historiker, Professor im Institut für Kulturgeschichte der Polnischen Akademie der Wissenschaften, Spezialist für historische Demographie (vgl. *Jan Józef Lipski*: Komitet Obrony Robotników KOR Komitet Samoobrony Społecznej. Gliwice 1988, S. 51). *Szczypiorski* erzählt 1989 in einem Interwiew: „Ich habe mich am Stalinismus als Journalist nicht beteiligen können, nicht deswegen, weil ich so tugendhaft und politisch scharfsinnig war, sondern deswegen, weil ich nicht konnte, und ich konnte nicht, weil mein Vater im Exil war" (Tu bije moje źródło. Z Andrzejem Szczypiorskim rozmawia Ewa Berberyusz. In: Tygodnik Powszechny. 1989, Nr. 52, S. 3., in meiner Übersetzung).

Zeitschrift „Odra".[13] Diesmal konzentriert er sich auf die Verbrechen der Kommunisten, schreibt offen über die Ermordung der polnischen Offiziere in Katyń durch die Sowjets und über die Art, wie Moczarski während der Haft von den Sicherheitsdienstbeamten gequält wurde. Es ist ein radikaler Vergleich des Kommunismus mit dem Faschismus, in dem aber zwischen Hitler und Stalin unterschieden wird. Im Gegensatz zu Hitler habe Stalin nicht nur gemordet, sondern gleichzeitig Liebe und Verehrung von seinen Opfern verlangt. Hier schreibt Szczypiorski vor allem über die Ungerechtigkeit des kommunistischen Systems, das Moczarski, der Kämpfer um ein freies Polen, mit dem SS-General in einer Zelle zusammenführte. Dieses Vorwort kursierte während des Kriegszustandes in Polen im sog. „zweiten Umlauf" (im Untergrund) als eine selbständige Publikation.[14]

Die Diskrepanz zwischen dem Umgang mit der Geschichte in den literarischen Werken und den Essays scheint damit zusammenzuhängen, daß Szczypiorski einerseits die menschliche Würde als einen Wert ansieht, den jeder Mensch anstreben sollte, wenn nicht in seinem ganzen Leben, dann wenigstens in bestimmten Situationen. Und das thematisiert Szczypiorski vor allem in seinen literarischen Werken. Andererseits ist er davon überzeugt, daß das Böse in der „Natur der Welt" immanent existiert. „Der Teufel ist in der Geschichte" sagt er in dem erwähnten Interview mit Zaworska.[15] Dem Glauben, daß sich der „Mechanismus der Geschichte nicht verändert",[16] gibt er vor allem in seinen Essays und Artikeln Ausdruck. Daher stoßen wir bei der Lektüre dieser Texte immer wieder auf pauschale Vergleiche und Urteile, die im Detail in den literarischen Werken unvorstellbar wären. Zu solchen Vergleichen gehört z.B. der zwischen dem Kommunismus in Polen und dem in der DDR: „Niemand in den kommunistischen Ländern hat sich so seinen kommunisti-

---

13 Vgl. *Andrzej Szczypiorski*: Kazimierza Moczarskiego 'Rozmowy z katem'. In: Odra 4 (12) 1972, S. 14-15.
14 *Andrzej Szczypiorski*: O Kazimierzu Moczarskim. Tekst przedmowy. Grot, Warszawa 1981.
15 *Helena Zaworska*: Psychoterapia dla wszystkich. Rozmowa z Andrzejem Szczypiorskim. In: *E. Jażdżewska-Goldsternowa*: 'Początek' Andrzeja Szczypiorskiego, ebd., S. 102.
16 Ebd., S. 105.

schen Pflichten gewidmet wie die Deutschen in der DDR. Und niemand in den kommunistischen Ländern hat seine kommunistischen Pflichten leichter genommen als die Polen in der Volksrepublik Polen".[17] Szczypiorski bemüht sich hier eindeutig um ein besseres Bild Polens. Er versucht zwar das Problem der kommunistischen Vergangenheit Polens anzugehen, verfährt dabei jedoch nicht analytisch. Viel lieber ist ihm die Position eines Schriftstellers, dem intellektuelle Fehler und regimetreue Romane viel schlimmer vorkommen als z. B. die Denunziation. Diese versteht er nicht politisch, sondern als ein Moment der Schwäche und ist bereit, den Intellektuellen die Sünde der Zusammenarbeit mit dem Staatssicherheitsdienst zu vergeben: „Meiner Meinung nach sind die Intellektuellen in Polen nicht in die schmutzige Prozedur der polizeilichen Zusammenarbeit mit dem Sicherheitsapparat verstrickt. Wenn jedoch einige oder mehrere von ihnen derartige Kontakte hatten – möge Gott ihnen das vergeben, und die Menschen mögen es vergessen. Solche Sünden der Schriftsteller, Wissenschaftler und Künstler scheinen mir kein wichtiges Thema der öffentlichen Diskussionen zu sein".[18] An der Gegenwart beunruhigt Szczypiorski, daß die Demokratie in der Bundesrepublik sich „erst nach vielen Jahren und nicht ohne Hilfe von außen" entwickelte.[19] Bei dieser Beobachtung fällt auf, daß er immer noch diesen Teil Europas, d.h. Deutschland und nicht die östlichen Länder, unter die Lupe nimmt. Wenn er die ehemaligen kommunistischen Staaten in Betracht ziehen würde, müßte er Ähnliches feststellen, denn auch ihre Demokratien werden nicht ohne Hilfe von außen aufgebaut, und wenn man an die langsamen Veränderungen des Stils der Gewaltenteilung in Polen denkt, weiß man heute schon, daß der Prozeß des politischen Umbaus nicht so bald ein Ende erreichen wird.

Trotz seiner Skepsis der Geschichte gegenüber versucht Szczypiorski, seinen Lesern bewußt zu machen, daß man sich der staatlichen und natio-

---

17 *Andrzej Szczypiorski*: Mein Irrtum: Weshalb die Opposition in der DDR nicht mit der polnischen gleichgesetzt werden darf. In: *Andrzej Szczypiorski*: Europa ist unterwegs, a.a.O., S. 120.
18 *Andrzej Szczypiorski*: Sünden und Fehler. Über das große Abrechnen nach dem Sturz des kommunistischen Systems in Polen. In: *Andrzej Szczypiorski*: Europa ist unterwegs, a.a.O., S. 139-141, hier S. 129.
19 *Andrzej Szczypiorski* in diesem Band, S. 11 ff.

nalen Treue widersetzen kann. Und das tut er sowohl in seinen Romanen als auch in seinen Essays, einmal auf der Ebene des individuellen Schicksals und ein anderes Mal auf der Ebene der nationalen Kontexte. Die Art des Widerstands hängt ihm zufolge von der individuellen Lebenshaltung ab, und das ist eine seiner wichtigsten Botschaften.

Der Versöhner – ein Nestbeschmutzer?

Der Schriftsteller Andrzej Szczypiorski in deutscher und polnischer Sicht

Heinrich Olschowsky

Ein Prophet, heißt es, gelte wenig im eigenen Land. Aber paradox erscheint es schon, daß ein polnischer Schriftsteller ausgerechnet beim deutschen Publikum größeres Ansehen genießen soll als zu Hause. Dies ist bei Andrzej Szczypiorski offenkundig der Fall. Seit dem Romanerfolg „Die schöne Frau Seidenman" war er in Deutschland als Autor populär und in den Medien präsent. Ob bei Lesungen, auf Kirchentagen oder politischen Festakten – Szczypiorski war überall. Sein Tod am 16. Mai 2000 hinterließ eine empfindliche Lücke und löste in Deutschland eine ungewöhnliche Bewegung aus. Denn es ist durchaus ungewöhnlich, daß die ersten Namen der Bundespolitik zum Tod eines ausländischen Schriftstellers sich äußern. Bundespräsident Rau würdigte ihn als „unermüdlichen Streiter für Völkerverständigung, Weltoffenheit und geistige Freiheit". Einen verdienten Europäer nannte ihn Hans-Dietrich Genscher, und Bundestagspräsident Thierse sagte, Szczypiorski habe viel für die Versöhnung zwischen Deutschen und Polen getan. Daß die Politiker der Literaturkritik ins Handwerk pfuschen wollten, ist nicht anzunehmen. Aber die politische Wertschätzung färbte gewiß auch auf das literarische Ansehen ab. Gleich mehrfach diente das Schlagwort *Versöhner* deutschen Nachrufen als Titel.

Andere Signale vernahm man aus Polen. Die angesehene, um eine sachliche Behandlung deutscher Themen verdiente Breslauer Monatsschrift „Odra" brachte im Septemberheft 2000 einen Nachruf (von Andrzej Więckowski), in dem u.a. zu lesen war: „Wider allen Anschein hat Szczypiorskis Roman und seine Aufnahme in Deutschland dem polnisch-deutschen Dialog keinen guten Dienst erwiesen, es sei denn, man nennt das, was die Deutschen hören wollen, einen Dialog." Weiter hieß es in dem als *Korrespondenz aus Moabit* ausgewiesenen Text, die deutsche Rezeption dieses eher „mißlungenen Romans" zeige, daß die Auffassungen von der neuesten Geschichte in beiden Ländern gegenläufig sind. Die Erwartung, daß der Dialog über das Buch diese Gegenläufigkeit aufheben werde, habe sich nicht bestätigt. Gezeigt habe sich vielmehr das „gierige Verlangen des deutschen Publikums" nach einem beschönigten Bild der eigenen Rolle während des Krieges in Polen. Noch immer, so der Verfasser, weigerten sich die Deutschen „die bösen Fakten ihres damaligen Wirkens" anzuerkennen. Gerade die in seinen Augen mißratenen Seiten des Romans hätten eine enthusiastische Aufnahme in Deutschland gefunden, woraus folgt, daß Szczypiorski den deutschen Erwartungen nach Entlastung entgegengekommen sei. Das Geheimnis seines Erfolgs – er hat die deutsche Schuld relativiert und das eigene Nest beschmutzt! War alles nur ein Mißverständnis?

Die Diskrepanz zwischen beiden Urteilen läßt aufhorchen. Ohne die Meinung oder auch den Frust eines einzelnen überzubewerten, sollte sie als Signal für die Asymmetrie der Geschichtsbilder ernst genommen werden, wie sie auch in den politischen Beziehungen jüngst sichtbar geworden ist. (Verstimmung bei den Verhandlungen um die Entschädigung der Zwangsarbeiter durch Äußerungen von Graf Lambsdorff; des Präsidentschaftskandidaten Krzaklewski Rückgriff auf antideutsche Ressentiments im Wahlkampf 2000.)

Als „Die schöne Frau Seidenman" 1988 in der Bundesrepublik erschien, lagen ihrem Autor Rezensenten und Leser bald zu Füßen – allen voran der Zucht- und Zeremonienmeister des *Literarischen Quartetts*, Reich-Ranicki. Der Augenblick war günstig. Der gewaltfreie Aufstand der *Solidarność* in Danzig hatte, jenseits der Regierungspolitik, eine Welle der Sympathie und spontaner Hilfsbereitschaft für Polen ausgelöst. Auch bezogen auf das zeitgeschichtliche Verhältnis zu den östlichen Nachbarn war die öffentliche Meinung längst nicht mehr nur damit befaßt, die Gedächtniswunden der Vertreibung zu lecken. In einer konzertierten Aktion auf unterschiedlichem Niveau war die bundesrepublikanische Öffentlichkeit durch die TV-Serie *Holocaust*, Claude Lanzmanns Dokumentarfilm *Shoah* und den Historikerstreit (um die Thesen Ernst Noltes) für das Singuläre der Judenvernichtung sensibilisiert worden. Richard von Weizsäckers denkwürdige Rede zum vierzigsten Jahrestag des Kriegsendes hatte die Deutschen mit der Frage konfrontiert, wie das Jahr 1945 im kollektiven Gedächtnis erinnert werden soll – als Niederlage oder als Befreiung. Auf diese Atmosphäre also traf Szczypiorskis Roman.

Allem Betroffenheitspathos sichtlich abgeneigt, schildert der Autor den Alltag durchschnittlicher Leute in Warschau während des Krieges – und danach. Der deutsche Titel exponiert etwas willkürlich die Geschichte einer Jüdin, die in der besetzten Stadt durch eine Kette anständiger Menschen, darunter ein Deutscher mit dem NS-Parteiabzeichen, aus den Fängen der Gestapo befreit wird. Dieser *plot* überraschte durch den Mangel an nationalem Ressentiment und die sanfte ironische Distanz, mit der Schicksale in finsterer Zeit geschildert werden. Verblüffen konnte die bittere Pointe; die aus dem Gestapogefängnis gerettete Irma S. schwört sich, dieses Gebäude nie wieder zu betreten. Aber nach dem Krieg wird sie unter derselben Adresse im polnischen Außenministerium arbeiten, bis die „antizionistische" Kampagne 1968 sie aus ihrer Heimat hinausdrängt. Der Roman bricht bei Kriegsende nicht ab. Der Erzähler begleitet seine Figuren bis in die Gegenwart der achtziger Jahre und führt uns Lesern vor, daß die launische Geschichte keinen Stillstand duldet: der einst siegreiche Herrenmensch Stuckler geht im sibirischen Kriegsgefangenenlager jämmerlich zugrunde, ein Denunziant der gehetzten Juden macht in Volkspolen Karriere und der von der Nonne Weronika gerettete jüdische Knabe Artur Hirschfeld alias Gruszecki wird zu einem versnobten polnischen Nationalisten und Antisemiten.

Mit dem Roman erlangte der Autor hierzulande den Ruf, das Erinnern an den Krieg zu einem Instrument der Unterscheidung der Geister, nicht der pauschalen Anklage machen zu wollen. Nur wenigen war bekannt, daß die polnische Kritik das in Paris erschienene Buch von Anfang kühler aufgenommen hatte. Es galt als ein politisch wohlgemeinter Trivialroman, der Stereotype effektvoll auf den Kopf zu stellen weiß, aber dessen Konflikte eher publizistisch beredet als in ihrer menschlichen Rätselhaftigkeit ausgelotet würden. Literarisch höher bewertet wurde die früher entstandene (1979 in der DDR übersetzte) geschichtsphilosophische Parabel „Eine Messe für die Stadt Arras". Ansonsten galt Szczypiorski in Polen vor allem als temperamentvoller Publizist und Verfasser mehrerer Romane über den zweiten Weltkrieg, die durch nichts Außergewöhnliches aufgefallen waren. In Deutschland kam indessen das Gerücht auf, die polnische Kritik strafe den hiesigen Erfolg des Romans wegen der versöhnenden Haltung des Autors mit Nichtbeachtung. Dabei störte es niemanden, daß die zurückhaltende Aufnahme des *Początek* zu einem Zeitpunkt (1986) stattfand, als von einem Erfolg oder Mißerfolg der deutschen Übersetzung (1988) noch keine Rede sein konnte. Nachträglich freilich eignete sich der oben erwähnte Nachruf dazu, ein solches Gerücht zu bestätigen.

Für die deutschen Medien waren der Bestseller und sein Autor wie vom Himmel gefallen. Insbesondere die späteren Nachrufe strickten dem Roman eine Legende ohne Gedächtnis. So hieß es, erst Szczypiorski habe mit dem bis dahin in Polen mächtigen Pauschalurteil gebrochen, alle Deutschen mit Nazis gleichzusetzen, er habe als erster zum Antisemitismus im polnischen Alltag kritisch Stellung bezogen usw. Das meiste davon war einseitig bis falsch. Das hier als Novum gerühmte, besaß in der polnischen Literatur über den Krieg bereits Tradition. Einiges davon lag auch deutsch vor: Leon Kruczkowskis Drama *Die Sonnenbrucks*, Jerzy Andrzejewskis groteske Mittel nicht scheuende Prosa *Die fiktive Gattin*, Erzählungen von Zofia Nałkowska und Tadeusz Borowski, Gedichte von Czesław Miłosz oder Tadeusz Różewicz.

Das hiesige Feuilleton war schier aus dem Häuschen, einen gescheiten Autor vor sich zu haben, der deutsch sprach, seinen Thomas Mann gelesen hatte und stets für eine ausgefallene These gut war. Wie ein Orakel wurde er zu bald jeder deutschen Angelegenheit befragt. Seine Biographie, in Polen gar nicht so selten, besaß in Deutschland eine einschüchternde Autorität: Der Teilnehmer am Warschauer Aufstand im August 1944 wurde im September festgenommen und bis April 1945 ins KZ Sachsenhausen gesperrt. Dort sind die Grundlagen seiner Weltanschauung gelegt worden, so die Überzeugung, daß das Denken in ethnischen Kategorien ein untaugliches Mittel sei, das moralische Verhalten von Menschen zu erklären: Die ersten Prügel bezog er von einem französischen Vorarbeiter, beigestanden hat ihm ein deutscher Sozialdemokrat, der schon seit zehn Jahren im Lager saß. Nach dem Krieg fiel es ihm daher schwer, „die weit verbreitete Meinung zu teilen, daß alle Deutschen Verbrecher sind". Seit 1956, der Rückkehr Gomułkas an die Macht, knüpfte er große Hoffnungen an dessen Reformkurs, war in verantwortlicher Stellung als Journalist und Diplomat tätig. Abgestoßen von der antisemitischen Kampagne 1968, schloß er sich der Dissidentenbewegung an, was ihm Druckverbot einbrachte. Bei Einführung des Kriegszustandes wurde er inhaftiert. Nach den ersten demokratischen Wahlen 1989 gehörte er bis 1991 für das Bürgerkomitee Solidarność dem polnischen Senat an.

Dem literarischen und medialen Erfolg in Deutschland folgte der als politischer Festredner. Ihm war durchaus nicht wohl dabei. Er sah sich nicht als einen Deutschland-Spezialisten. Seine Auffassungen von der Mentalität der Deutschen, das war eine Handvoll „feuilletonistischer Weisheiten", die er immer wieder variierte und mit Entschiedenheit vortrug. Zum Beispiel die These vom Perfektionismus als dem Dämon der Deutschen, oder seine Überzeugung, in Deutschland werde seit zweihundert Jahren zu wenig über gesellschaftliche Werte wie Freiheit, Gleichheit, Brüderlichkeit, über Sinnfragen wie Erlösung oder Gewissen debattiert, statt dessen viel über Fleiß, Redlichkeit, Pünktlichkeit, Achtung der Obrigkeit – Tugenden also, die sich auch für verbrecherische Ziele einsetzen ließen. Die Andacht, mit der ihm festliche Gremien hierzulande lauschten, mißfiel ihm nicht. Er spielte den Dolmetsch des lieben Gottes mit Bravour und nicht ohne charmante Eitelkeit. Dennoch wurmte es ihn, daß er als Schriftsteller im Ausland mehr galt als in Polen.

Zurück zum eingangs erwähnten polnischen Nachruf. Seine Einwände gegen den „mißlungenen Roman" geben sich literarisch besorgt, meinen aber etwas anderes. Bei Nennung der Sünden des Romans betreibt der Verfasser unverdrossen ethnische „Mengenlehre". Er zählt die Figuren der Deutschen, Polen, Juden und bemängelt deren Proporz: zu wenig böse deutsche Besatzer und zu viele Warschauer Geschäftemacher und Antisemiten vor der Ghettomauer, so gut wie kein Soldat der Heimatarmee (AK) in Sicht. Auch empört ihn die Überlegung der nach Paris emigrierten alten Frau Seidenman, daß der SS-Mann Stuckler, ihr Feind, sie nicht zu entwürdigen vermochte. Er tat das Erwartete, er wollte sie „nur" töten. Gedemütigt hätten sie indessen die Akteure der antisemitischen Hetze von 1968. Sie hätten ihr mehr genommen als das Leben, nämlich das Recht einer polnischen Jüdin auf selbstbestimmte Identität. Zugegeben, dieser Diskurs schielt nach dem rhetorischen Effekt. Aber es ist das emotionale Fazit einer verbitterten, aus der einst rettenden Gemeinschaft ausgestoßenen und daher tief verletzten Frau. Nach einer Sentenz Hannah Arendts bestand das Problem der verfolgten Juden nicht darin, „was unsere Feinde taten, sondern was unsere Freunde taten". Der Nachrufschreiber mußte es nicht wissen. Er hält diese Überlegung deshalb für unannehmbar, weil sie die deutsche Schuld relativiere und den Medien Gelegenheit biete, über den polnischen Antisemitismus Klage zu führen – etwas Unerhörtes in einem Land, wo „die Meister des jüdischen Todes" zu Hause sind. Więckowski ist davon überzeugt, daß das deutsche Publikum aus dem Roman vor allem eine Entlastung seiner Landsleute während des Krieges herausgelesen habe. Einen Beleg dafür erspart er sich.

Entlastet fühlen konnte sich ein deutscher Leser am ehesten von der Figur Johann Müllers. Der Deutsche aus Łódź mit dem NS-Parteiabzeichen ist als ein anständiger und zuverlässiger Mensch gezeichnet, Retter der Jüdin aus den Händen der Gestapo. Ungeachtet seines persönlichen Verhaltens wird er bei Kriegsende seine Heimatstadt verlassen müssen. Die ethnische Ausgrenzung, einst von den Nazis praktiziert, wird sich nun als Retourkutsche durchsetzen. Nach Szczypiorskis eigenem Bekunden widersprach das seiner Überzeugung gänzlich. Aber der Autor, der seine Leser in vielerlei Hinsicht ermuntert, ihre bisherigen Denkgewohnheiten zu überprüfen, weicht hier dem Konflikt um die Vertreibung aus. Der „gute Deutsche", der unfreiwillig Łódź verlassen muß, distanziert sich von den übrigen Vertriebenen, die sich als Opfer empfinden, und räsoniert über „die Deutschen", deren Geschichte er doch teilt, wie über „die anderen". Was einen deutschen Leser interessiert, ob und wie der Sozialdemokrat Müller zum Nationalsozialisten geworden ist, das läßt Szczypiorski gleichgültig. Seinen polnischen Lesern versichert er vor allem, daß Müller sich „zum Teil als Pole fühlte". Mußte Müller erst polonisiert werden, um als „guter Deutscher" für die Leser zumutbar zu sein, ohne das feindliche Klischee der *Vertriebenen* dabei anzutasten?

Auch wenn die Gründe für einen Lesererfolg immer etwas rätselhaft bleiben, zeigen zumindest die deutschen Rezensionen keinerlei „gieriges Verlangen" nach Entlastung. Um das Motiv des „guten Deutschen" kümmert sich niemand besonders. Als zentrales Anliegen des Romans erkennt eine Rezensentin, übereinstimmend mit vielen anderen, dem Leser zu vergegenwärtigen, „was es in jenen Jahren in Polen bedeutet hat, zu überleben" für den gehetzten Juden Henryk Fichtelbaum, für den Denunzianten Bronek Blutman, für Irma Seidenman und für „die namenlosen Polen, die sich weder durch besonderen Mut noch durch spezielle Niedertracht auszeichneten" (Klara Obermüller, Die Weltwoche v. 25.02.1988).

Der Versöhner – ein Nestbeschmutzer?

Die Überlegungen und mehr noch die Emotionen des polnischen Kritikers sind zwanghaft auf den polnisch-deutschen Gegensatz der Kriegszeit fixiert, dem ordnet er alles andere unter. Dort möchte er die Geschichte anhalten. Der Antisemitismus erscheint ihm nicht latente Herausforderung der abendländischen Kultur, er behandelt ihn lediglich als Fundus an Belastungsmaterial für einen nationalen Schlagabtausch. Auch die Erwähnung der beiden konkurrierenden totalitären Diktaturen, der faschistischen und der kommunistischen, durch Szczypiorski fügt sich ihm zu einem Entlastungsmanöver für die gebeutelte deutsche Seele. Das wäre besser unterblieben.

Die reichlich aufgebotenen Einwände gegen den „mißlungenen Roman" haben einen gemeinsamen Nenner. Es ist ein tief sitzendes Unbehagen darüber, daß der Romanautor den nationalen Kanon des kollektiven Gedächtnisses an den Zweiten Weltkrieg verletzte. Schule und Elternhaus und natürlich die Literatur haben ein Muster in die Köpfe und Herzen gepflanzt, darin für den Polen die Rolle eines Helden oder Märtyrers, eines selbstlosen Kämpfers oder unschuldigen Opfers festgeschrieben ist. Für Denunzianten, Kollaborateure oder Antisemiten gibt es darin, versteht sich, keinen Platz. Nicht seit heute wissen wir, wie schwer Nationen ohne Riten und Erzählungen auskommen, die ein positives Selbstbild hegen sollen. „Erlittenes Leid und erfahrenes Unrecht schreiben sich über Generationen tief ins Gedächtnis ein, Schuld und Scham dagegen führen zum Abdecken durch Schweigen" (A. Assmann). Der Nachrufschreiber meint, Szczypiorski habe einen schlechten Roman verfaßt, weil er das kanonische Muster kollektiven Erinnerns und Beschweigens nicht fortgeschrieben hat. In der Tat zog der es vor, auf die Brüche in der Erinnerung der Polen und der Juden hinzuweisen, statt diese durch heroische Selbststilisierung einzuebnen. Für den Kritiker offenbar eine unzumutbare Verletzung der einträchtigen Erinnerung und obendrein Wasser auf die Mühlen von ... Frau Erika Steinbach! Das Beklemmende an solcher Argumentation ist ihre unzeitgemäße wie populistische Emotionalität.

Hart geht der Nachrufschreiber auch mit Szczypiorski dem Publizisten und Freund deutscher Politiker um. Er habe sich instrumentalisieren lassen, beteiligte sich an einem quasi Dialog, dessen Themen und Teilnehmer die deutsche Seite bestimmte. Die mediale Geschäftigkeit derselben polnisch-deutschen Akteure, deren einträchtiges Sich-auf-die-Schulter-

Klopfen sei ein Alibi zur Entlastung deutscher Geschichtskomplexe, aber kein Dialog zwischen Kulturen, der bekanntlich von der Differenz lebt. Zweifellos ist die Konzeptlosigkeit der Politik und das „stabile" Desinteresse der Deutschen an den östlichen Nachbarn durch Versöhnungsrituale gelegentlich verdeckt worden. Hierbei erfüllten auch Szczypiorskis Medienauftritte eine Alibi-Funktion. Aber eine böswillige Unterstellung erscheint die Behauptung, er habe den Deutschen nach dem Munde geredet. Ein Mann des scharfen und schnellen Wortes, mischte er sich auf eigene Verantwortung in die deutschen Debatten ein. Er wollte provozieren und er stieß auf Widerspruch. Als man ihn 1992 nach dem Gesetz zum Umgang mit den Stasi-Akten befragte, fand er das „ganz idiotisch...Solch eine Dummheit ist nur in Ostdeutschland möglich, nur in Preußen." (Wochenpost Nr.10/92). Eine undiplomatische Entgleisung war das nicht. Eher der Reflex einer verbreiteten Einstellung polnischer Intellektueller gegenüber der DDR, die sie seit den 60er Jahren nur als lästiges Transitland – auf ihren Reisen nach dem Westen – geschlossenen Auges durchquerten. Verachtung und Wut, wofür die DDR auch mit ihren Grenzkontrollen reichlich Grund lieferte, mündeten in Ignoranz. Man war der Ansicht, daß es die Mühe nicht lohne, hinter die Kulissen der DDR-Propaganda zu schauen, weil alle Ostdeutschen als loyale Untertanen im „roten Preußen" sich mit ihrem Staat identifizierten und auch die Russen bzw. Sowjets so liebten wie weiland Kaiser Wilhelm seinen Vetter Nikolaus auf dem Zarenthron. So äußerte sich Szczypiorski sinngemäß in der inoffiziellen Zeitschrift „Krytyka" (Nr.7/80).

Später sprach er den geistigen Eliten der DDR wegen ihrer „großen Anhänglichkeit an das kommunistische System" jedes oppositionelle Verdienst ab. „Die Deutschen in der DDR – das ist die traurige Wahrheit – rührten keinen Finger, um das System zu stürzen." (FAZ vom 4.03.1995). Solche polemischen Breitseiten regten in Stuttgart oder Hamburg niemanden auf. In Dresden aber wirkten sie unsachlich, denunziatorisch und stießen auf Widerspruch der Oppositionellen, deren Verbündeter Szczypiorski eigentlich war. Ich frage mich, ob seine Publizistik zur geistigen Transformation in Ostdeutschland etwas hätte beitragen können? Der Blick von außen, aus der Perspektive ungleicher Erfahrungen mit einem verwandten politischen System hätte das hiesige Wissen neu definieren und der zwangsläufig partikularen Erinnerung andere Richtungen weisen können. Hier bin ich gespalten. Szczypiorskis herablassender

Tonfall mißfällt mir. Allzu plakativ schreibt er den Ostdeutschen Dummheit, unsympathisches Preußentum, ideologische Hörigkeit zu. Im selben Atemzug verklärt er die Bonner Republik, deren Verhältnis zum Dritten Reich er einzig auf das „nationale Schuldgefühl" und den Willen zur „Wiedergutmachung" gegründet sieht. Andererseits hat er Recht, wenn er aus der Nibelungentreue der DDR-Eliten zum SED-Regime banalen Opportunismus, Sorge um eigene Privilegien und „die Weigerung, ein persönliches Risiko einzugehen," herausliest. Bis heute verspürt das Establishment der DDR heftige Abneigung gegen Vergleiche mit Polen oder Ungarn. Es hält sie für ungerecht, sie sind aber nur unbequem.

Den Verfasser des harschen Nachrufs mag der Schriftsteller und Publizist Szczypiorski irritieren, beunruhigt ist er durch etwas anderes: durch das Ungleichgewicht der Potentiale zwischen Polen und Deutschland. Gegen diese Alltagserfahrung kommt bloße Versöhnungsrhetorik nicht auf. Also wird nach einem Gegenmittel gesucht. Man mag die Asymmetrie für unvermeidbar halten, aber die Irritation darüber ist jenseits der Oder keine Sache von Außenseitern. Das Bedürfnis nach (wenigstens) symbolischer Kompensation entspricht einer breiten Stimmungslage. Wie verschafft man sich einen Ausgleich? Eine zwiespältige wie populäre Suggestion geht dahin, die Deutschen unter keinen Umständen aus ihren Schuldgefühlen zu entlassen. So kann man für sich selber die Rolle des unschuldigen Opfers verewigen. Um die moralische Überlegenheit jedoch zu behaupten, muß die Eintracht kollektiver Erinnerung gegen *Nestbeschmutzer* geschützt werden.

Der bloß literarische Fall einer paradoxen Rezeption lohnte keine besondere Aufregung. Bekanntlich liest jeder Leser ein und denselben Text anders, begeht an ihm also einen „schöpferischen Verrat", zumal dann, wenn eine Sprach- und Kulturgrenze überschritten wird. Und formale Innovation ist noch nie die notwendige Bedingung für einen Lesererfolg gewesen. Eine Binsenweisheit. Aber hier steht nicht die Literatur, nicht ein innovatives Textverfahren auf dem Spiel, sondern die Macht der *Kontexte*. Es geht um das identitätsstiftende Vermögen kollektiven Gedächtnisses und darum, ob nur das in der Erinnerung aufbewahrt werden soll, was das eigne nationale Wohlbefinden nicht stört.

Was bedeutet nun diese punktuelle Diskrepanz? Sie zeigt an, daß die Rhetorik der politischen und geistigen Eliten sich nicht ohne weiteres mit der Sichtweise und Stimmungslage der gesellschaftlichen Basis deckt. Da mag man in der Beletage Parolen der Versöhnung und der Interessengemeinschaft hin und her schieben, im Parterre rumort es derweil ob der Zumutungen, die der Alltag an die eigene Identität stellt. Die Versuchung, den Reibungen auszuweichen, ist groß; entweder ins Wunschdenken einer naiven oder kalkulierten Gedächtnislosigkeit oder in einen rückwärtsgewandten kulturellen Autismus. Vielleicht ist der Fall, von dem hier die Rede war, nur ein grelles Signal dafür, wieviel tiefer liegendes, geschichtliches Unverständnis den alltäglichen Umgang mit den Nachbarn – auch ein Jahrzehnt nach der vertraglich vereinbarten „Guten Nachbarschaft" – so holperig macht.

Andrzej Szczypiorski – zur Person

Als die Hitlertruppen ins Land einfielen, schien nicht nur Polen verloren, sondern auch die Kindheit und der jugendliche Glaube des 15jährigen Andrzej Szczypiorski. Die Weltliteratur gab ihm einen neuen Halt, die Frontbewegungen interessierten ihn weit weniger als die Schicksale bei Leo Tolstoi oder bei Thomas Mann, wo er „die echten Deutschen" fand. Die deutsche Sprache erlernte er im KZ Sachsenhausen, in das er als Kämpfer des Warschauer Aufstandes verschleppt wurde. Es blieb nicht seine einzige Lagererfahrung, fast 40 Jahre später wurde er von eigenen Landsleuten interniert, als 1981 in Polen der Kriegszustand ausgerufen wurde. Nach dem Krieg glaubte Szczypiorski wie viele, die kommunistische Führung lasse sich reformieren und Polen werde zumindest einen Teil seiner Unabhängigkeit zurückerhalten. Er arbeitete als Rundfunkjournalist und war nach dem Sturz der Stalinisten 1956 zwei Jahre lang Presse- und Kulturattaché in Kopenhagen. Nach seiner Heimkehr wurde er freier Schriftsteller, bald jedoch ein verbotener. Um zu überleben, veröffentlichte er Krimis und Jugendbücher. Sein „echtes" Werk zirkulierte in Hunderten von Fotokopien im Untergrund, nach dem Erfolg von *Die schöne Frau Seidenman* zu Hunderttausenden von Büchern im Westen. 1991 wechselte Szczypiorski seinen Schreibtisch mit einem Sitz im ersten frei gewählten polnischen Senat, jedoch nur für zwei Jahre: „Ein einziger guter Roman bedeutet für das Leben eines Volkes mehr als tausend Parlamentsreden." Und Szczypiorskis Bücher bedeuten nicht nur seinen Landsleuten sehr viel, denn in ihnen beschreibt er ein universelles Thema, die „totalitäre Herausforderung des zwanzigsten Jahrhunderts", „weil das mein Leben, meine Erinnerung und meine Erfahrung ist". Wie das Thema der Liebe, der zweiten Konstante in Andrzej Szczypiorskis Werk, „weil die Liebe die einzige Rettung ist, die uns bleibt".

Aus: Diogenes Autoren Album

Andrzej Szczypiorski – Lebenslauf und Werkverzeichnis[1]

Geboren am 3. Februar 1928 in Warschau. 1944 beteiligte sich Andrzej Szczypiorski am Warschauer Aufstand und wurde im KZ Sachsenhausen interniert. Nach Kriegsende arbeitete er als Rundfunkjournalist und stand von 1956 bis 1958 im diplomatischen Dienst in Kopenhagen. Seither Literat und Publizist. Von 1974 bis 1984 Generalsekretär des polnischen Autorenverbandes, dann Vorstandsmitglied des rekonstitutionierten polnischen PEN-Clubs. Ab 1977 Mitarbeiter bei oppositionellen Zeitschriften im In- und Ausland. Szczypiorski war einer der Organisatoren des Unabhängigen Kongresses der Polnischen Kultur, der am 12.12.1981 eröffnet wurde. Einen Tag später wurde in Polen der Kriegszustand verkündet, und Szczypiorski wurde bis zum Frühjahr 1982 interniert. Von 1989 bis 1991 war er als Kandidat der Gewerkschaft Solidarność Mitglied des Senats, der Zweiten Kammer des polnischen Parlaments. 1997 wählte ihn die Unicef zum „Botschafter des guten Willens". Am 16. Mai 2000 ist Andrzej Szczypiorski verstorben.

Werke

Czas przeszły (Vergangenheit). Roman. 1960

Godzina zero (Die Stunde Null). Roman. 1961

Ucieczka Abla (Abels Flucht). Roman. 1962

Lustra (Die Spiegel). Roman. 1962

Portret znajomego (Portrait eines Bekannten). Skizzen und Reportagen. 1962

Za murami Sodomy (Hintern den Mauern von Sodom). Roman. 1963

Polowanie na Lwy (Löwenjagd). Erzählungen. 1964

Podróż do krańca doliny (Eine Reise bis ans Talende). Roman. 1966

Karol Świerczewski-Walter. Biographie. 1967

---

1 Auf der Basis von Angaben des Diogenes Verlages, Zürich.

Niedziela, godz. 21.10 (Sonntag, 21 Uhr 10). 1968; Enthält Rundfunkfeuilletons aus den Jahren 1964-1967

Lot 627 (Flug 627). Jugendroman. 1971

Msza za miasto Arras. Roman. 1971

> **Eine Messe für die Stadt Arras**
> Berlin-Ost: Evangelische Verlagsanstalt, 1979
>
> Neuausgabe
> Zürich: Diogenes, 1988; Taschenbuchausgabe ebd., 1991 (detebe 22414)

Na tropie Damiana (Auf den Spuren Damians). Jugendroman. 1973

Mojemu synowi (Meinem Sohn). Jugenderzählungen. 1974

Dama z medalionem. Kurzgeschichte. 1974

> **Die Dame mit dem Medaillon.** In: *Phantasma.* Anthologie polnischer Geschichten
> Frankfurt: Suhrkamp, 1982

I omineli Emaus. Roman. 1974

> **Und sie gingen an Emmaus vorbei**
> (Dieser Band enthält auch *Denn der Herbst kam zu früh/ Zlowic cien*)
> Wien: Spranger, 1976
>
> **Der Teufel im Graben**
> Zürich: Diogenes, 1993; Taschenbuchausgabe ebd., 1994 (detebe 22739)

Złowić cień. Roman. 1976

> Unter dem Titel *Denn der Herbst kam zu früh* in *Und sie gingen an Emmaus vorbei*
> Wien: Spranger, 1976
>
> **Den Schatten fangen**
> Zürich: Diogenes, 1993; Taschenbuchausgabe ebd., 1995 (detebe 22789)

Trzej ludzie w bardzo długiej podróży (Drei Menschen auf sehr langer Reise). Roman. 1980

The Polish Ordeal. The View from Within. London, 1982

Z notatnika stanu wojennego (Aus dem Notizbuch zum Kriegszustand). London, 1983

> Auswahl in: *Notizen zum Stand der Dinge.* 1983
> Zürich: Diogenes, 1990; Taschenbuchausgabe ebd., 1992 (detebe 22568)

Początek. Roman. Paris, 1986

> *Die schöne Frau Seidenman*
> Zürich: Diogenes, 1988; Taschenbuchausgabe ebd., 1991 (detebe 21945)

Z notatnika stanu rzeczy (Aus dem Notizbuch zum Stand der Dinge). 1987

> Auswahl in: *Notizen zum Stand der Dinge.* 1983
> Zürich: Diogenes, 1990; Taschenbuchausgabe ebd., 1992 (detebe 22568)

Amerykańska whisky i inne opowiadania. Erzählungen. 1987

> *Amerikanischer Whiskey*
> Zürich: Diogenes, 1989; Taschenbuchausgabe ebd., 1991 (detebe 22415)

Noc, dzień i noc. Roman. 1990

> *Nacht, Tag und Nacht*
> Zürich: Diogenes, 1991; Taschenbuchausgabe ebd., 1994 (detebe 22635)

WIR. Roman. 1993

> Zürich: Diogenes, in Vorbereitung

Autoportret z kobietą. Roman. 1994

> *Selbstportrait mit Frau*
> Zürich: Diogenes, 1994; Taschenbuchausgabe ebd., 1996 (detebe 22871)

Europa ist unterwegs. Essays und Reden (Originalausgabe)
Zürich: Diogenes, 1996

Hörspiele

Andrzej Szczypiorski ist auch Autor zahlreicher Hörspiele.

Auszeichnungen

1964 Kavalierskreuz des Ordens Polonia Restituta
1965 Zaiks-Preis für Hörspiele
1972 Preis des polnischen PEN-Clubs für *Eine Messe für die Stadt Arras*
1988 Wichtigster polnischer Literaturpreis, „Wiadomości Literackie", für *Die schöne Frau Seidenman*
1988 Österreichischer Staatspreis für Europäische Literatur
1989 Nelly-Sachs-Preis, Kulturpreis der Stadt Dortmund
1990 Kunst- und Kulturpreis der deutschen Katholiken, Berlin
1991 Preis der Warschauer Buchhändler für *Nacht, Tag und Nacht*
1994 Herder Preis der Stiftung F.V.S. zu Hamburg
1994 Dortmunder Initial der Arbeitsgemeinschaft 1. Dortmunder Buchmesse
1995 Bundesverdienstkreuz der Bundesrepublik Deutschland in Anerkennung für seine Verdienste um die deutsch-polnischen Beziehungen
1995 Andreas-Gryphius-Preis der Künstlergilde e.V.
1995 Zum Mitglied im deutschen Orden Pour le mérite ernannt
1997 Verleihung des Ordens „Polonia Restituta" durch den Präsidenten der Republik für seine Verdienste um Polen
1998 Goldene Feder (Publizistischer Preis der Verlagsgruppe Bauer)

Verfilmungen

Czas przeszły (Vergangenheit)	1961. Regie: Leonard Buczkowski
Troje i las (Leute im Walde)	1963. Regie: S. Wohl
Opętanie (Besessenheit)	1970. Regie: S. Lenartowicz
Blizna (Makel)	Regie: T. Łomnicki

Eine Messe für die Stadt Arras 1990. Polnisches Karol Irzykowski-Filminstitut
Regie: **Janosz Kijowski**

AUTOREN- UND HERAUSGEBERVERZEICHNIS

Chołuj, Bożena, Prof. Dr. habil., Collegium Polonicum, Professur für Vergleichende Mitteleuropastudien, Große Scharrnstraße 59, D-15230 Frankfurt (Oder)
Email: choluj@euv-frankfurt-o.de

Joerden, Jan C., Prof. Dr., Europa-Universität Viadrina Frankfurt (Oder), Interdisziplinäres Zentrum für Ethik (IZE), Große Scharrnstraße 59, D-15230 Frankfurt (Oder)
Email: joerden@euv-frankfurt-o.de

Olschowsky, Heinrich, Prof. Dr., Humboldt-Universität zu Berlin, Institut für Slawistik, Unter den Linden 6, D-10099 Berlin
Email: heinrich.olschowsky@rz.hu-berlin.de

**Studien zur Ethik
in Ostmitteleuropa**

Herausgegeben von Jan C. Joerden

Band 1   Jan C. Joerden / Josef N. Neumann (Hrsg.): Medizinethik 1. 2000.

Band 2   Jan C. Joerden / Josef N. Neumann (Hrsg.): Medizinethik 2. 2001.

Band 3   Jan C. Joerden / Josef N. Neumann (Hrsg.): Medizinethik 3. 2002.

Band 4   Jan C. Joerden (Hrsg.): Über Tugend und Werte. Beiträge von Andrzej Szczypiorski, Bożena Chołuj und Heinrich Olschowsky. 2002.